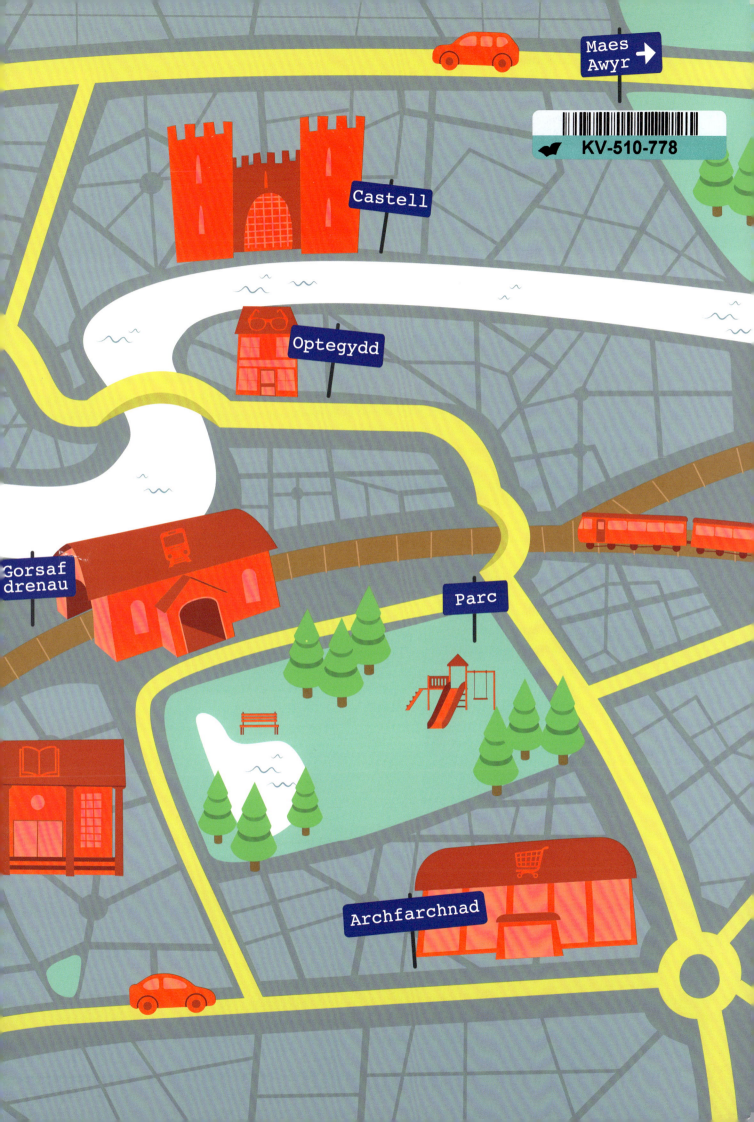

Maes Awyr →

Castell

Optegydd

Gorsaf drenau

Parc

Archfarchnad

Rwy'n clywed
â'm clust fach i...

Siop y gornel

Ysgol Roco

Siop deganau

TŶ Roco

Caffi

Coed hir

Afon y goedwig

Llyfrge

Eglwys

Gogledd

Roco: Sŵn lori.

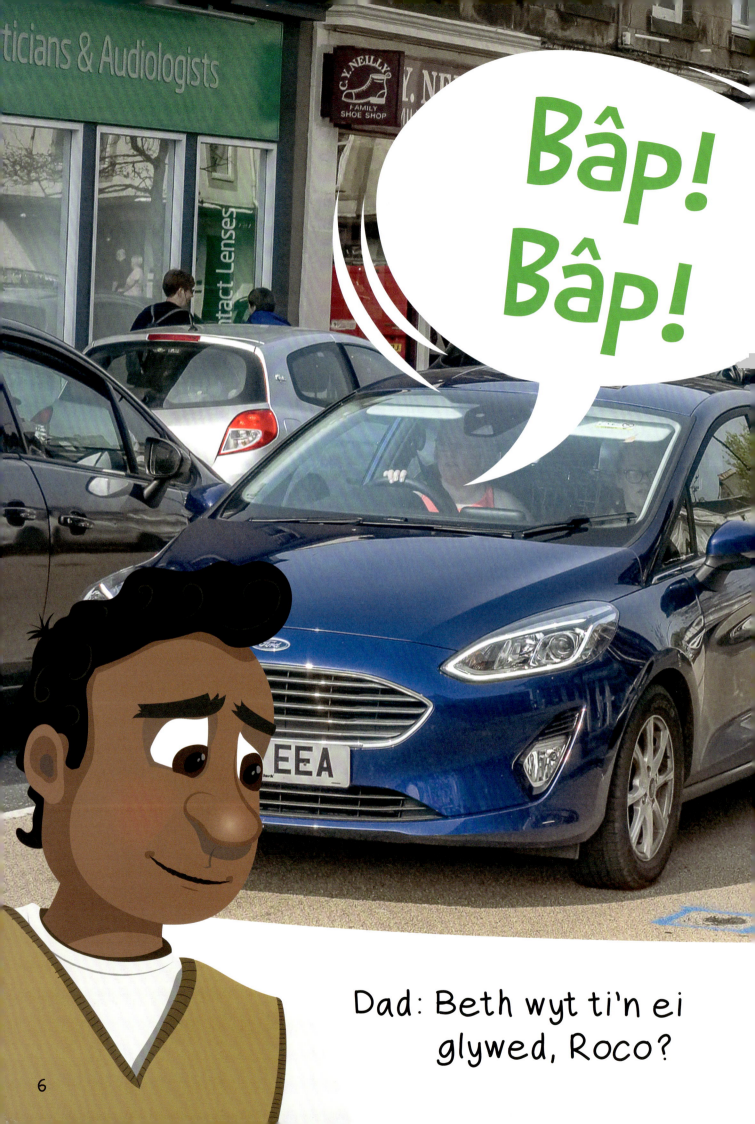

Bâp! Bâp!

Dad: Beth wyt ti'n ei glywed, Roco?

Roco: Sŵn corn car.

Dad: Beth wyt ti'n ei glywed, Roco?

8

Roco: Sŵn cloch beic.

Dad: Beth wyt ti'n ei glywed, Roco?

Roco: Sŵn gitâr.

11

Dad: Beth wyt ti'n ei glywed, Roco?

Roco: Sŵn arian.

13

Dad: Beth wyt ti'n ei glywed, Roco?

14

Roco: Sŵn llestri.

Dad: Beth wyt ti'n ei glywed, Roco?

16

Roco: Sŵn y sganer.

Dad: Beth wyt ti'n ei glywed, Roco?

Roco: Sŵn aderyn.

Allwch chi gyfateb y sain â'r llun?

Bring! Bring!

Clinc! Clinc!

Bâp! Bâp!

Bîp! Bîp!

La - la - la!

Tincial! Tincial!

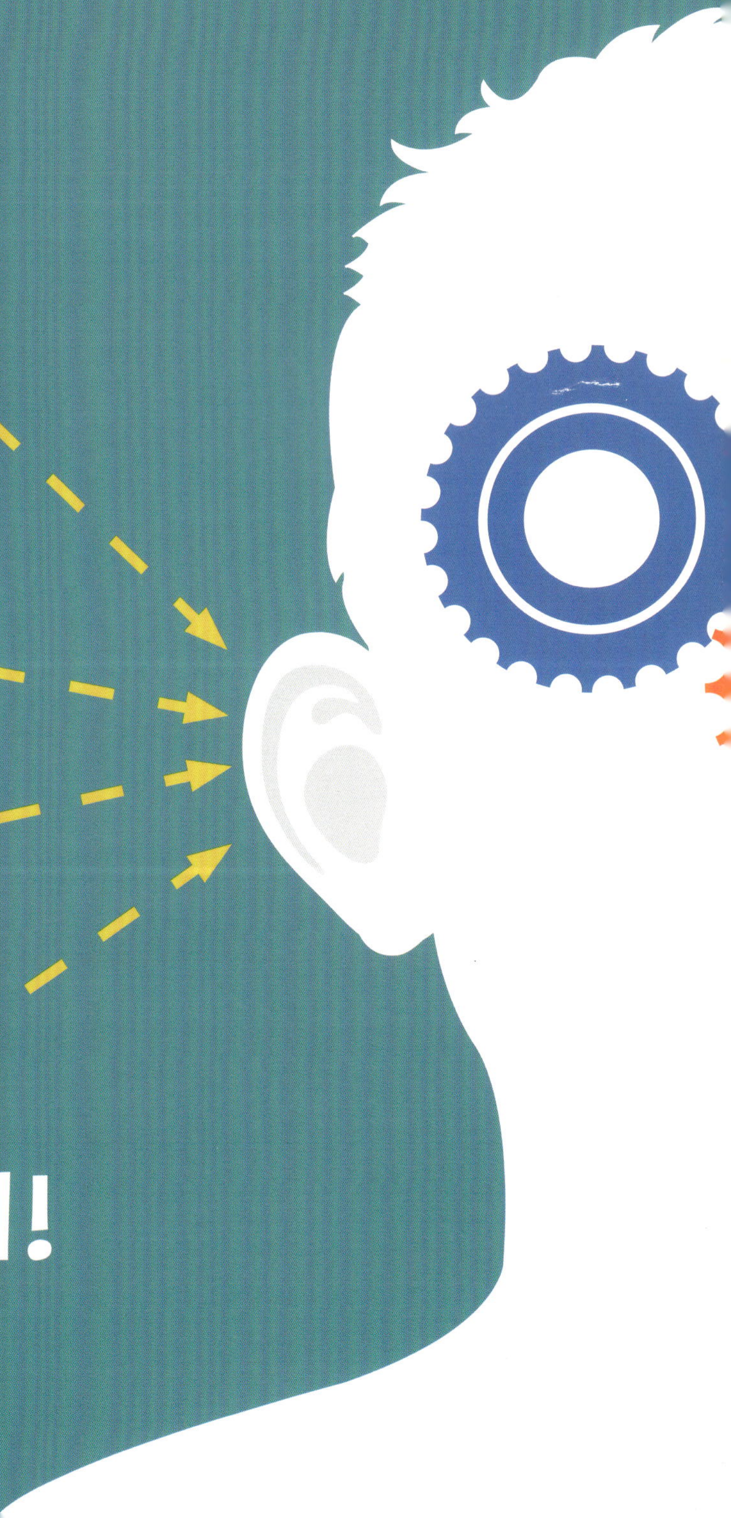

www.**peniarth**.cymru